효자동 파란 집
장서민 대통령

효자동 파란 집
장서민 대통령

이창숙 글 | 이기량 그림

사계절

머리말 6

투표일 오후 6시 8

취임식, 국민들의 축제 한마당 18

인사가 만사 28

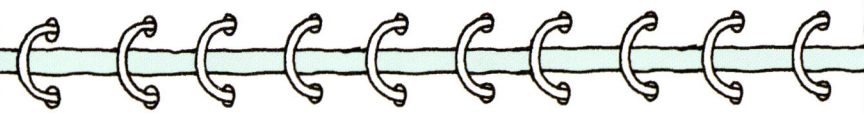

정책 결정, 함께 사는 세상 36

대통령의 하루 44

해외 파병, 해야 할까 거부해야 할까? 54

대한민국의 영토를 지켜라 60

영부인은 무슨 일을 할까? 66

동북아 생명 평화 공동체 건설을 위하여 76

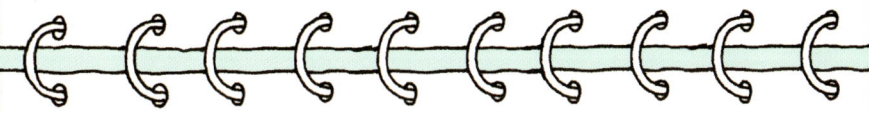

유엔 기후 변화 협약, 선택 아닌 필수 84

다른 이의 고통을 외면하는 사회는 불행하다 94

열차 타고 고향으로 102

"장래 희망이 뭔가요?"

"대통령이요!"

내가 어렸을 때 선생님이 장래 희망을 물어보면 반에서 몇 명은 꼭 대통령이 되고 싶다고 했어요. 대개는 공부를 잘하는 모범생들이 그렇게 대답했지요. 지금은 어떤가요? 지금도 여전히 장래 희망이 대통령인 친구들이 많은가요?

어렸을 때의 그 친구들이나 지금 장래 희망이 대통령인 친구들에게 묻고 싶어요. 왜 대통령이 되고 싶은가요?

혹시 대통령이 우리나라에서 가장 높은 사람이라고 생각해서 그런가요? 뭐든지 할 수 있는 사람이라고 생각해서 그런가요? 비행기 타고 다른 나라에 다니는 모습이 멋있어 보여서 그런가요? 청와대에 사는 것이 부러운가요?

이 책은 여러 대통령의 이야기를 참고해서 가상으로 대통령 이야기를 쓴 것입니다. 이 책을 쓰면서 대통령이란 어떤 일을 할 수 있고 어떤 일을 할 수 없으며 어떤 고민을 하는지 조금은 알게 되었어요. 대통령은 나라에서 가장 높은 자리에 앉아 명령만 하는 사람이 아닙니다. 자기 마음대로 무슨 일이든 할 수 있는 것은 더더욱 아니고요.

대통령은 진정성 있게 모든 일에 책임지려는 자세를 가져야 한다는 것을 알게 되었어요. 그런 책임감이 없다면 절대 대통령이 되어서는 안 되겠지요.

우리나라에는 지금까지 열한 명의 대통령이 있었어요. 당장 지지율을 높이기 위해 인기 있는 말만 하는 대통령도 있었지요. 법을 고쳐 가면서까지 자신만이 대통령을 해야 한다고 우겼던 대통령도 있었고요. 국민의 말은 들은 척도 하지 않고 무시했던 대통령도 있었습니다. 그리고 믿고 싶지 않지만 나라 전체야 어떻게 되든 말든 자신의 이익만을 위해 일했던 대통령도 있었지요.

그러고 보니 임기를 마치고 나서도 국민의 존경을 받는 대통령은 몇 사람 되지 않는 것 같네요. 물론 그런 분들은 나라와 국민 걱정에 밤잠을 제대로 자지 못하고 고민했던 대통령들이겠지요.

어린이 여러분 중에 나중에 커서 대통령이 되는 사람이 분명히 있을 것입니다. 대통령이 되기 위해서는 어떤 것이 중요한지 지금부터 생각해 보고 실천해 나가도록 노력했으면 좋겠어요.

또 대통령이 되지 않더라고 우리 모두는 19세가 되면 대통령을 선출할 수 있는 투표권을 가지게 됩니다. 그때 국민을 위해서 일할 수 있는 진짜 대통령을 뽑는 지혜로운 유권자가 되길 바라요. 그래서 지금 사회보다 훨씬 안전하고 평화롭고 정의롭고 행복한 세상을 만들어 가길 바라요. 어린이 여러분은 우리 어른들 모두의 희망이니까요!

2014년 6월
이창숙

투표일 오후 6시

6시를 알리는 소리와 동시에 광화문 광장에 임시 설치된 대형 전광판에 투표 출구 조사 결과가 떴어.

출구 조사란 투표를 마치고 나오는 사람을 대상으로 누구를 찍었는지 물어서 선거 결과를 예측하는 여론 조사 방법으로, 선거 결과를 가장 빠르게 예측할 수 있지. 출구 조사 결과가 100퍼센트 맞는 것은 아니지만 근거가 정확해서 신뢰할 수 있어. 하지만 이번 선거의 경우 표 차이가 표준 오차 범위 내에 있어서 당선이 확실시 되는 밤 12시까지는 누구도 안심할 수 없었어.

몇 년 전 이웃 나라에서 원자력 발전소가 폭발해 수천 명이 죽고 한 도시가 거의 파괴되었어. 그 뒤 지구촌 사람들의 반핵 의지가 점점 높아지고 있지. 그때에도 장서민 후보는 이웃 나라에 봉사 활동을 가서 피해자들을 구조하고 위로했어. 그리고 돌아와서는 그 피해의 심각성을 알리는 일을 게을리하지 않았지. 그때의 활동을 보여 주는 사진과 동영상이 나오자 광장에 있던 사람들이 일제히 조용해지며 대형 전광판을 바라봤어. 아직도 그 나라 바다에서 나는 해산물은 방사능 오염이 심각해서 먹지 못할 정도야. 세계 어느 나라에서 언제 다시 그런 사고가 일어날지 몰라. 우리나라에서 그런 사고가 나기 전에 철저한 근본 대책을 세워야 해.

개표는 빠르게 진행되었어. 몇 번을 엎치락뒤치락한 끝에 새벽 3시를 지나면서 장서민 후보의 당선이 확실해졌지.

새벽 3시 30분, 대형 전광판에 당선 감사 인사를 하는 장서민 대통령 당선인의 얼굴이 나왔어.

"국민 여러분, 정말 고맙습니다. 우리는 다음 세대로부터 자연을 빌려 쓰고 있습니다. 후손들에게 더 좋은 생태와 환경을 물려주어야 한다는 국민 여러분의 염원이 오늘 저를 대통령으로 선출해 주신 겁니다. 그 뜻 한시도 잊지 않고 최선을 다해 열심히 지켜 나가도록 하겠습니다."

그때까지 집에 돌아가지 않고 남아 있던 지지자들은 텔레비전 방송을 보고 함성을 질렀어. 잠시 뒤, 낙선한 자유경제당 김성장 후보가 나와서 대통령은 되지 못했지만 그동안 고마웠다고 인사를 했어.

"국민 여러분의 뜻을 겸허히 받아들이겠습니다. 그동안 지지해 주신 당원과 국민 여러분 고맙습니다. 그리고 장서민 당선인께 축하의 말씀 전합니다. 앞으로 저 또한 최선을 다해 국정 운영을 돕도록 하겠습니다."

장서민 당선인은 아침 일찍 다시 한 번 텔레비전을 통해 당선 인사를 했어. 오늘부터 장서민 당선인은 대통령 당선인으로서의 권리와 예우를 받게 돼. 다음 해 2월 25일 취임 전까지 두 달여간 예비 대통령으로서 현직 대통령에 버금가는 대접을 받지. 당선인은 먼저 자신을 도와 대통령직 인수와 관련된 업무를 담당할 대통령직 인수 위원회를 구성하게 돼. 대통령직 인수 위원회는 앞으로 국정을 어떻게 잘 이끌어 나갈까를 준비하는 조직이야. 인수 위원회 구성은 앞으로 5년 동안 대통령직을 잘 수행하기 위한 첫 임무라고 할 수 있어. 그 첫 단추를 잘 끼우고 신발 끈을 새롭게 묶고 출발선에 서는 거지.

인수 위원회는 대통령 취임 후 30일까지 유지되고, 정부의 조직·기능 및 예산 현황 파악, 새 정부의 정책을 세우기 위한 준비, 대통령 취임식 행사 준비, 그 밖에 대통령직 인수에 필요한 일을 해. 인수 위원회는 위원장 한 명, 부위원장 한 명과 24명 이내의 위원으로 구성되는데, 이는 모두 대통령 당선인이 임명해. 행정부 장관은 인수 위원회가 잘 운영될 수 있도록 업무 지원을 하고, 관계 기관의 장은 대통령직 인수 위원회가 효율적으로 업무를 수행할 수 있도록 협조해야 해.

한편 취임 전까지 당선인은 월급을 받지는 못하지만 대통령직 인수 위원회에 배정된 예산을 통해 활동비 등을 지급받게 되지. 그리고 '대통령 등의 경호에 관한 법률'에 따라 현직 대통령과 비슷한 수준의 경호를 받아. 청와대 경호처 전담 팀이 24시간 곁에서 당선인과 가족의 신변을 보호하며 경찰과 함께 자택 경호를 맡지.

장서민 당선인은 잠깐 집에 들렀어. 그동안 함께 고생한 아내와 딸이 장서민 당선인을 따뜻하게 안아 주었지.

"우리 공주님, 아빠가 대통령을 잘할 수 있을까?"

장서민 대통령 당선인은 어리광하는 아이처럼 딸에게 엄살을 부렸어. 다른 사람들은 잘 모르지만 장서민 당선인은 사실 좀 덜렁거리

고 뭘 잘 잃어버리는 경우가 있어. 또 눈치 없이 곧이곧대로 사람들에게 충고를 하기도 하지. 평소 아빠의 그런 점을 짚어 내곤 하던 딸이지만 오늘은 아빠를 응원해야겠다고 생각했는지 두 주먹을 불끈 쥐고 대답했지.

"전 언제나 아빠를 믿어요. 으라찻차!"
"오, 고맙다, 우리 딸. 힘이 번쩍 나네, 으라찻차!"
"아빠, 이제 대통령 취임식 할 때까지는 푹 쉬겠네요?"
"공주님, 그럴 시간이 전혀 없습니다요."

선거 운동을 했던 지난 22일 동안 하루 두세 시간도 못 자고 사람들을 만나러 다니느라 장서민 대통령 당선인은 말할 수 없이 피곤했어. 대통령 후보 등록은 선거일 24일 전부터 2일 동안 하게 되고, 선거 운동은 후보자 등록일부터 선거 전날 밤 12시까지 할 수 있거든. 장서민 대통령 당선인은 그동안 한 사람이라도 더 만나 자신의 공약을 설명하고 지지를 얻으려 노력했어. 수많은 사람과 악수를 하느라 손이 퉁퉁 부어 아프기도 했지만 한 사람의 손이라도 더 잡기 위해 새벽같이 나서곤 했지.

당선인은 곧바로 참모진들과 함께 대통령직 인수 위원회 구성을 위한 회의에 들어갔어.

인수 위원회 첫 모임에서는 선거 기간 동안 내걸었던 공약들이 실현 가능한지를 다시금 꼼꼼하게 살펴봤어. 그런데 장서민 당선인의 공약 중에서 중대한 문제를 발견했어. 취직을 못 하고 있는 청년들에게 3년간 매월 30만 원씩 청년 실업 급여를 주겠다는 공약이 있었는데 정부 예산을 꼼꼼히 살펴보니 그 공약은 도저히 실현할 수 없다는 판단이 들었거든.

"대통령님, 그 공약은 우리 핵심 공약 중 하나인데 실현할 수 없다니 걱정입니다. 국민과 믿음의 문제인데 말입니다."

"그러게요. 어떻게 해서든 실현할 방안을 생각해 보도록 합시다. 금액을 조금 조정해서라도요. 자신의 전문성을 키우는 데 그 돈이 조금이라도 보탬이 될 수 있도록 말입니다. 결국 우리나라의 미래에 투자하는 것 아니겠습니까?"

"네, 최대한 노력하겠습니다만……."

"그렇게 어렵습니까? 노력할 수 있는 데까지 해 보고 정 안 되면 국민들에게 솔직히 알려야 하지 않겠습니까?"

대통령 당선인과 대통령직 인수 위원회는 시작부터 어려운 일에 부딪히게 되었어. 우리 장서민 대통령이 5년간 대통령직을 잘해 나가길 바라는 응원의 박수를 쳐 주자, 짝짝짝!

➡️ 대통령이 누구냐고? ⬅️

대통령은 무엇을 하는 사람일까?

대통령은 대한민국 정부의 행정부 최고 책임자이고, 국무총리, 각부 장관, 대법원장 등 정부의 주요 인물을 뽑아 앉힐 권한이 있어. 국무 회의를 열어서 나라의 주요한 일들을 논의하고 결정하기도 하고, 대한민국 군인을 통솔하는 지휘권이 있지.
외교 활동을 통해 대한민국의 위상을 높이고 여러 가지 정치적·경제적 이득을 도모하기도 해.

대통령 선거 후보가 되려면 어떤 자격이 필요할까?

먼저 나이가 **40세** 이상이어야 하고,

선거일 기준으로 **5년 이상** 대한민국에 살고 있는 대한민국 국민이어야 해.

그리고 후보로 등록할 때 **3억 원**을 내야 하지.

취임식,
국민들의 축제 한마당

2월 25일, 대통령 취임식 날. 선거 다음 해 2월 25일이 취임식 날로 정해져 있어. 대통령 당선인은 자정에 보신각 종을 33번 치면서 새로운 정부의 탄생을 알렸어.

맑고 좋은 기운이 이 나라에 감돌기를…….

우리나라 안보 상황은 어떻습니까?

육! 해! 공!

아무 이상 없습니다. 안심하십시오!

고맙습니다! 계속 수고해 주세요.

경찰청장과 소방방재청장과도 차례로 통화해 이상이 없는지 확인했지.

2월 25일 9시 국회 의사당 앞. 5만 명에 이르는 축하객이 국회 의사당 광장을 채우기 시작했어. 각국의 정상들과 정치인들, 기업의 대표들과 사회 각계각층의 대표들이 참석했어. 그중 반 정도는 일반 국민이야. 대통령 취임식에 참석하고 싶으면 인터넷으로 접수를 하고 접수한 사람 중에 추첨을 통해 참석할 수 있어. 취임식 본행사는 11시부터 시작인데, 그전에 예술인들의 공연이 펼쳐졌지.

네, 반짝 초등학교 합창단의 노래 잘 들었습니다. 계속해서 국제 대회에서 우승한 비보이 그룹의 축하 공연을 보시겠습니다.

카퍼레이드를 마치고 대통령 가족은 청와대로 갔어. 청와대 입구에는 동네 주민들이 환영 인사를 하러 나와 있었어. 대통령은 잠깐 차에서 내려 주민들과 일일이 악수를 했지. 주민 대표가 난 화분을 선물했어.

"우리 동네 주민이 되신 것을 환영합니다."

"고맙습니다. 이 난처럼 향기로운 세상을 만들겠습니다."

오후에는 대통령 취임을 축하하러 온 다른 나라 정상들을 만나 두 나라 간의 문제를 상의했어. 대통령은 오늘 하루만 열다섯 개의 일정을 소화했어. 첫날부터 눈코 뜰 새 없이 바쁘지? 맞아. 대통령이라는 자리는 한시도 편할 날이 없고 쉴 새 없이 처리할 일이 생기는 바쁘고 어려운 자리야.

늦은 시간이 되어서야 대통령은 가족과 함께 청와대 안 사저에 모여 앉았어.

"하루 종일 식사도 제대로 못 했네. 너무 긴장했나 봐. 보라야, 오늘 아빠가 혹시 실수라도 하지 않았나 모르겠다."

"아니요. 아주 잘하셨어요, 아빠. 그런데 경호원 아저씨들도 엄청 고생하셨을 것 같아요."

"아, 참! 말 잘했다, 보라야. 아빠가 할 일이 있었는데 깜빡했구나."

"그런데 아빠, 우리 밖에 뭐 먹으러 나가기 힘들겠죠?"

"그렇지. 경호하기 힘드시니까 우리가 참아야지. 그런데 뭐 먹고 싶은데?"

"치킨이요!"

"그래. 물어보고 오마."

대통령은 얼른 집무실로 나가 경호실장을 만났어.

"오늘 하루 종일 정말 고생이 많았습니다. 큰 행사가 끝났으니 긴장을 조금 푸셔도 될 것 같습니다. 아, 그리고 저를 경호하는 것도 중요하지만 다른 국민들의 권리가 위협받으면 안 됩니다. 경호의 가장 중요한 임무는 언제나 국민들의 안전이라는 것 꼭 기억해 주세요."

"네, 알겠습니다."

"앞으로 지방에 갈 때에는 비용도 덜 들고 국민들에게 불편을 끼칠 염려도 없는 소형 헬기를 자주 이용하도록 하겠습니다."

"알겠습니다, 대통령님."

"힘드셨을 텐데, 경호실 직원들과 맛있는 것 좀 드세요."

"고맙습니다."

"음, 그리고 딸아이하고 치킨 시켜 먹으려고 하는데, 전화번호 있나요?"

"안 됩니다. 식사 시간 이후 밖의 음식은 반입이 안 됩니다."

"아, 그래요? 할 수 없죠. 라면이나 끓여 먹어야겠네요."

"그것도 안 됩니다. 주치의 선생님께서 라면과 패스트푸드는 드시지 말라고 했습니다."

"네에?"

대통령이 눈을 동그랗게 뜨자 경호실장은 빙그레 웃었어.

"견과류와 플레인 요구르트를 드십시오."

대통령 경호원들은 운동 실력도 뛰어나고 사격 실력도 훌륭하지. '대통령 경호원'이라 하면, 무전기 들고 선글라스 끼고 멋진 정장 입고 차를 따라가는 모습이 떠오르지? 하지만 때로는 야구 심판으로, 시장 상인으로, 직장인으로 변장을 하고 경호를 하기도 해. 나라의 대표인 대통령을 철저히 보호해야 하거든. 만약 무슨 일이 생긴다면 나라 전체가 엄청난 혼란에 빠질 수도 있으니까.

➡️ 대통령 선거는 어떻게 진행되냐고? ⬅️

대통령 선거 과정은 어떻게 될까?

대통령 후보 등록은 선거일 24일 전부터 2일 동안 해.

그리고 **선거 운동**은 후보자 등록일부터 선거 전날 밤 12시까지 할 수 있지.

투표는 선거일 오전 6시부터 오후 6시까지 각 지역별 투표소에서 하고,

개표는 투표가 완료된 뒤 이상이 없는지 확인하고 나서 시작하지.

투표 결과가 나오면 **당선인 발표**를 하고,

취임식은 선거일 다음 해 2월 25일에 하게 되지.

선거에는 원칙이 있어

19세 이상 우리나라 국민은 누구나 선거를 할 수 있어. **보통 선거**라고 하지.

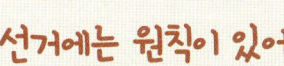

누구나 한 표씩만 투표할 수 있어. **평등 선거**라고 해.

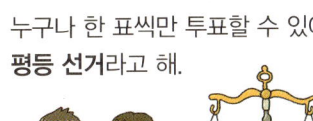

본인이 직접 투표해야 해. 이를 **직접 선거**라고 해.

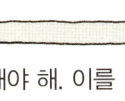

누구를 찍었는지 밝히지 않을 권리가 있어. **비밀 선거**라고 하지.

인사가 만사

민주주의의 꽃인 선거로 당선된 우리나라 대통령은 대법원장, 헌법재판소장, 국무총리, 감사원장, 대법관 등을 공직에 지명할 수 있어. 이 밖에도 많은 사람들을 임명할 수 있지.

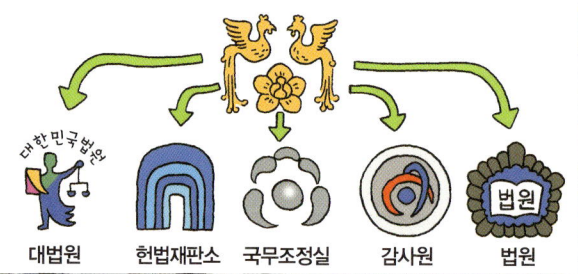

대통령이 임명할 수 있는 자리 (총 7000여 명)	
헌법 기관 고위직	26명
행정부 고위직(장관급 27명, 차관급 90명, 3급 이상 고위 공무원 1400여 명)	1500여 명
대통령 직속 위원회 등 위원	1000여 명
공기업·준정부 기관·공공 기관 등 295곳의 기관장과 감사	590명
특정직 공무원 (검·경, 외무, 소방 등)	4000여 명

사람을 어떤 자리에 앉히거나 그만두게 하는 것, 또는 한 일을 평가하는 것을 '인사'라고 해. 어떤 사람이 그 일을 맡느냐에 따라 그 일이 잘되기도 하고 안 되기도 하지. 그래서 인사(人事)가 만사(萬事), 즉 모든 일의 근본이라고도 해. 대통령은 먼저 국무총리와 장관, 대법원장 등에 적합한 사람들을 추천받은 뒤 가장 맞는 사람을 정해서 국회에 보내 검토를 받아. 그걸 인사 청문회라고 해. 인사권이 대통령에게 있긴 하지만 대통령 마음대로 자기 친한 사람만 중요한 자리에 앉히면 안 되니까.

장서민 대통령은 먼저 대통령직 인수 위원회 사람들과 함께 국무총리와 각부 장관, 대법원장, 대법관 등에 어떤 사람이 적당한지 찾아냈어. 필요한 인원보다 서너 배 많은 사람을 추천한 뒤 누가 가장 적합한지 하나하나 판단해 나갔지.

장서민 대통령과 인수 위원회 사람들은 최대한 자세하게 검증해서 골고루 뽑으려고 노력했어. 그 과정에서 하나라도 문제가 있는 사람은 모두 뺐어.

인사는 정말 중요해. 필요한 사람을 꼭 필요한 곳에 어떻게 배치하느냐에 따라 나라의 운명이 판가름 나거든. 새로운 정부가 앞으로 5년을 어떻게 운영해 나갈지 처음으로 국민에게 보여 주는 것이기도 하고.

장서민 대통령은 여러 자리에 가장 적합하다고 생각하는 사람을 정한 뒤 국회에 임명 동의안을 보냈어. '이러이러한 사람들을 중요한 자리에 임명하려고 하는데 검토해 주시오.' 하는 거지. 국회에서는 대통령이 지명한 공직 후보자들을 검증하고 평가해서 대통령의 인사권을 견제하는 거야. 국회는 국민 대신 일을 하는 기관이거든. 정말 훌륭한 사람을 뽑기 위해 이런 제도를 둔 거지.

이제 국회에서는 국회대로 각 인물에 대한 조사를 시작해. 우리나라 국회 의원이 300명 정도이고, 국회 의원 한 사람당 9명의 보좌관을 두고 있어. 그럼 국회 의원과 보좌관만 해도 거의 3000명이야. 그 사람들이 공직 후보자의 과거와 현재 모습을 낱낱이 조사해서 그동안 몰래 법을 어긴 적은 없는지, 그 자리에 앉아 맡은 바 역할을 잘해 나갈 능력이 있는지 철저하게 알아보는 거야. 대통령과 인수 위원회에서 미처 찾아내지 못한 일들도 국회에서 찾아내는 경우가 많아. 웬만한 일들은 거의 모두 찾아내지만 간혹 임명되고 난 뒤 잘못된 부분이 발견되는 경우도 있어. 그런 경우를 막기 위해 최대한 열심히 알아보는 거지.

드디어 인사 청문회가 열렸어. 인사 청문회에 출석한 공직 후보자들에게 질문을 하고 그에 대한 답변과 의견을 들어 보았지.

가끔 텔레비전에서 본 적 있지? 국회 의원들이 목소리 높여 잘못을 따지고 답을 요구하는 것을 말이야. 국회 의원들은 국민을 대신해서 그렇게 조사를 하는 거야. 국회 의원들에게 우리 일을 대신 해 달라고 맡겼지만 국민들도 나 몰라라 해서는 안 되겠지? 우리 국민 모두가 매의 눈으로 청문회를 잘하고 있는지 지켜봐야 하지.

인사 청문회란 국민을 위해 일할 공직 후보자가 임명되기에 앞서 국민 앞에서 면접을 보는 자리라고 생각하면 쉬워. 필요하다면, 공직 후보자와 관련된 증인이나 참고인들에게 출석을 요구해서 증언이나 진술을 들을 수도 있어.

이번 인사 청문회에서는 대법원장으로 임명하려던 사람에게 문제가 발견되었어. 판사였을 때 한 재판에서 친인척 관련하여 한쪽에 치우친 판결을 내린 적이 있다는 거야.

"그 재판에 후보자의 친척이 관련되어 있었다는 것이 사실입니까?"

"먼 친척이고 사실 재판이 열리는 순간까지 알지 못했습니다. 양심에 거리낌 없는 판결을 했습니다."

"그것 말고도 친구와 동료가 관련된 재판에 한쪽으로 치우친 판결을 내렸다는 의혹도 있는데요?"

예전이라면 어느 정도 무난히 넘어갔을 법한 문제들도 지금은 통과되기 힘든 경우가 많아. 그만큼 국민들이 공직자에게 바라는 기대치가 높아진 거지.

이번 인사 청문회에서 문제가 된 대법원장 후보도 자신은 결백하다고 주장했지만 사람들은 의혹을 풀지 않았어. 더구나 부동산과 관련해 부적절한 처신을 한 경우까지 새로 드러나자 야당 의원들의 비판이 거셌지.

대통령은 고민하다가 다른 사람으로 교체했어. 국회 인사 청문회가 강제력을 가지는 것은 아니야. 즉, 국회에서 반대하더라도 대통령이 끝까지 자기 뜻대로 임명하겠다고 고집하면 법적으로 막을 길은 없어. 하지만 청문회에서 의혹이 제기되거나 부적격 의견이 나오면 다른 사람으로 교체하는 경우가 대부분이지. 국회 의원이 국민을 대신해 판단한 것이니까. 국민들이 반대하는 사람을 끝까지 고위 공직에 임명하는 나라는 아마 어디에도 없을 거야. 독재 국가라면 모를까, 민주 국가에서 그렇게 국민을 무시할 수는 없지. '대통령 인사권'보다 '국민 주권'이 더 중요한 만큼, 국민이 용납할 수 없는 후보자는 곤란하겠지?

대통령은 새로운 후보자를 선정해 국회에 임명 동의안을 보냈어. 다행히 이번에는 국회 임명 동의안 청문회를 무사히 통과해 인사를 마무리할 수 있었지.

장서민 대통령은 임명장을 주기 위해 새로 결정된 고위 공직자들을 청와대로 불렀어. 대통령은 한 사람 한 사람 임명장을 건네주면서 간곡히 부탁했어.

"나라와 국민을 위해서 온 힘을 다해 일해 주세요."

임명장을 모두 나누어 준 뒤 청와대에서 함께 식사를 하면서 가장 급한 일과 꼭 해야 하는 일에 대해 마음을 터놓고 이야기를 했어. 아직은 서로 잘 모르는 사람도 있어 서먹서먹하긴 해도 앞으로 함께 힘을 합쳐 공직을 꾸려 나갈 소중한 동료들이니까 말이야.

정책 결정,
함께 사는 세상

　텔레비전 뉴스를 보던 대통령은 깜짝 놀랐어. 비닐하우스에서 살던 할머니와 일곱 살 난 손주가 촛불이 넘어지면서 옮긴 불에 숨졌다는 뉴스가 나오고 있었거든.
　"아니, 왜 촛불을 켜 놓고 주무셨을까?"
　대통령은 비서실장에게 사건을 자세히 알아보라고 했어.
　아이의 아버지는 죽고 엄마는 돈 벌러 간 뒤 연락이 끊겨 할머니와 손주 단둘이 비닐하우스에서 살고 있었대. 그런데 전기료를 못 내고 계속 밀리자 전기가 끊겼고. 전깃불도 켜지 못하고, 추위에 떨며 생활했는데 아마도 밤에 아이가 오줌이 마려워서 일어나다가 채 끄지 못한 촛불을 건드려 불이 난 것 같다는 보고를 받았어.
　"아, 마음이 너무 아픕니다. 할머니와 아이 둘밖에 없는 집에 전기도 지원이 안 됐단 말입니까?"

"그게, 저, 실제로는 할머니 자녀들이 연락도 안 되는 상황이지만 서류상으로는 자녀가 있는 걸로 되어 있어서 지원이 잘 안 됐던 모양입니다."

"법도 중요하지만 실제로 도움이 필요한 경우 법과 원칙을 떠나서 도와야 하지 않겠습니까? 우리 사회가 그 정도는 먹고살 만하지 않습니까?"

대통령은 마음이 많이 아팠어.

"힘없는 사람, 아픈 사람, 홀로 사는 노인들, 돌봐 줄 사람이 없는 아이들, 장애를 가진 사람들도 우리 사회의 구성원입니다. 정책을 세울 때에도 모두 함께 살아야 한다는 원칙을 항상 잊지 말아야 합니다."

"잘 알겠습니다."

이제 본격적으로 여러 가지 정책을 결정해야 할 때가 되었어. 대통령이 선거 때 직접 내걸었던 공약이라고 해도 대통령 맘대로 할 수는 없어. 객관적인 검증 과정을 거쳐야 하고 대통령도 그 결정에 따라야 한다는 원칙을 세우고 지킬 때 더 믿을 수 있는 것이지.

정책을 결정할 때에는 첫째, 해결해야 하거나 새로 만들어야 하는 문제를 알아봐. 그런 다음 국회에서 정책을 만들어서 투표를 통해 결정해. 군사 문제라든지 경제 문제, 과학 문제같이 전문성이 필요한 부문에서는 전문가에게 조언을 구하기도 해.

"주택 문제와 교육 문제에 최대한 모든 노력을 집중해 주세요."

"네, 알겠습니다."

"그리고 현재 비정규직 노동자가 전체 노동자의 몇 퍼센트 정도 됩니까?"

"예, 60퍼센트 가까이 됩니다."

"그렇군요. 비정규직을 정규직으로 바꾸는 기업에 대한 지원을 늘리세요. 반대로 비정규직 관련 법 적용을 피하기 위해 2년이 되기 전에 비정규직을 해고하는 기업에 대해서는 규제를 더욱 강화해야 합니다."

"네, 대통령님, 알겠습니다."

"어려운 때일수록 원칙으로 돌아가야 합니다. 가능한 한 비정규직을 줄이고 정규직을 늘려야 한다는 것이 대원칙입니다."

"네."

"그리고 저는 사형 제도를 폐지하는 것이 옳다고 생각하는데요. 죄를 지은 사람을 죽인다고 범죄가 사라지는 것은 아니라고 봅니다. 그것은 국가의 이름으로 또 다른 살인을 저지르는 일일 뿐 아니라 정치적으로 악용되는 경우도 너무나 많지 않았습니까? 오히려 범죄를 진심으로 뉘우칠 수 있게 해야 하며 피해 가족에게는 슬픔을 이겨 낼 수 있도록 여러 도움을 주는 것이 필요하겠지요. 인도적 차원에서 사형 제도를 없애야 한다고 생각하는데, 국민들의 의견은 어떤지, 또 다른 나라의 상황은 어떤지 알아봐서 다음 주 비서관 회의 때 자료와 함께 의견을 주십시오. 제가 대통령이 되면 사형 제도만큼은 꼭 폐지해야겠다고 늘 생각했습니다."

"잘 알겠습니다."

대통령은 정책 하나하나를 같이 살피며 보고를 받았어.

"외교, 국방, 통일은 어떻습니까?"

"한반도를 평화 지역으로 만드는 방향으로 노력하고 있습니다."

"좋습니다."

국회에서는 인사 청문회와 마찬가지로 정책 내용도 자세하게 검토했어. 실현 가능성은 있는지, 어느 한쪽으로 치우친 정책은 아닌지, 국민 모두에게 골고루 혜택이 돌아갈 수 있는지 등을 하나하나 따져 나갔지.

우리나라의 정치 제도는 대통령 중심제인데, 여기서 대통령을 배출한 정당을 '여당'이라고 하고, 그렇지 않은 당을 '야당'이라고 해. 한마디로, 야당은 현재 정권을 잡고 있지 않은 정당이지. 야당은 여당의 반대편에 서서 정부의 정책을 비판하고 견제하면서 국민의 여론을 형성해서 다음 대통령 선거에서 정권을 잡으려고 노력하지. 그런데 이번에 국회에서 정책을 검토하는 과정에서 여당과 야당이 세금 문제로 팽팽하게 맞섰어.

대통령의 하루

오전 9시, 대통령은 국방부 장관으로부터 안보에 대한 보고를 받은 뒤 비서실장과 경호실장의 보고를 통해 하루 일정을 점검했어.

"먼저 9시 30분에 수석 비서관 회의가 있습니다."

비서실장이 오늘의 주요 안건이 무엇인지 간추려 이야기해 주었어.

"11시에 국무 회의가 있고 점심 식사는 재계 대표들과 함께 청와대 식당에서 할 예정입니다. 오후 2시 인도 수상과 무역 협상이 있습니다. 오후 5시에 무역 센터 방문, 7시 전국 농민 대표와 약속이 있습니다."

"아, 그렇군요. 참, 오늘은 어린이날인데 혹시 청와대를 방문하는 어린이는 없나요?"

"네, 멀리 전라남도 소록도에서 올라온 어린이들이 3시 무렵 청와대를 방문할 예정입니다."

"그래요? 시간이 빡빡하네요. 만나 보면 좋을 텐데. 선물은 준비했지요?"

"네, 말씀하신 대로 청와대를 방문하는 어린이들에게는 책을 선물하고 있습니다. 오늘도 동화책 500권을 준비했습니다."

"네, 좋습니다. 제가 참석하기는 아무래도 힘들겠지요?"

"그럴 것 같습니다. 시간상 무리입니다."

9시 30분에 수석 비서관 회의가 열렸어.

"지난번에 말씀드린 사형 제도에 대한 자료를 보시고 의견을 듣도록 하겠습니다."

청와대 민정 수석실 법무 비서관이 이야기를 시작했어.

"전 세계적으로 사형 제도를 폐지해 나가고 있는 실정입니다. 세계 140여 개국이 법률상, 또 사실상 사형을 폐지했습니다. 앞으로 더 확대될 것 같습니다. 하지만 우리나라의 경우 아직은 이르다는 의견도 만만치 않습니다. 따라서 사형 제도를 바로 폐지하기에는 어려운 면이 있습니다. 국민들의 의견이 찬반으로 갈려 갈등이 심화되고 해결하기 힘든 감정 대결로 번질 가능성도 있습니다. 취임한 지 얼마 되지 않은 시기에 여론이 갈라져 대립한다면 정부도 상당히 부담스러울 수밖에 없습니다."

"흠, 그렇군요. 하지만 저는 오래전부터 사형 제도를 폐지하는 것이 옳다고 믿었습니다."

한참 동안 의논을 한 뒤 대통령은 사형 제도와 관련한 담화문을 발표하는 것이 어떻겠느냐는 의견을 내놓았어.

"사형 제도를 폐지하는 것이 옳다고 생각하지만 반대하는 분들의 의견도 많은 것으로 알고 있습니다. 그래서 당장 폐지하지는 않겠지만 인도적인 차원에서 이번 정권이 끝날 때까지 사형 집행은 하지 않겠다는 취지로 담화문을 발표하면 어떨까요?"

대통령은 자신의 임기 동안 사형 집행을 하지 않으면 5년이 지난 뒤 대통령이 바뀌었을 때, 그 대통령도 사형을 집행하기는 부담이 될 것이라고 생각했어. 장서민 대통령이 인도적인 차원에서 사형을 집행하지 않았는데 자신이 대통령이 되어서 이를 집행한다면 마치 자기 손으로 사람을 죽인 것처럼 께름칙할 테니까. 그다음 대통령도 마찬가지일 테고 말이야. 그렇게 계속 이어진다면 결국 있으나 마나 한 법이 되고 말 거야. 장서민 대통령은 그걸 바란 거야. 언젠가 대부분의 국민들이 사형 제도를 반대하는 날이 오면 자연스럽게 법도 없어질 테니까.

국무 회의는 대통령, 국무총리, 행정부 장관들과 15~30명의 국무 위원들이 모여서 중요한 일을 논의하는 최고의 정책 심의 기관이야. 의장은 대통령, 부의장은 국무총리야. 이 회의를 통해 대통령이 정책을 결정할 때 더욱 신중해질 수 있지. 행정 각부의 정책들을 모아서 조정하고 통합해서 여기서 결정된 사항을 정책으로 추진하게 돼. 헌법에서 국무 회의를 필수 기관으로 인정하고 있으니 함부로 없앨 수는 없어.

"설마 그런 분은 안 계시겠지만 대통령 앞이라고 가리지 마시고 모든 의견을 있는 그대로 다 얘기해 주세요."

대통령이 말문을 열자 장관들이 돌아가며 각부의 상황을 보고했지. 모인 사람들은 그중에 가장 급한 일을 집중적으로 의논했어.

1시쯤 국무 회의가 끝나고 대통령은 얼른 식당으로 가서 재계 대표들과 식사를 했어. 대통령이 먹는 음식을 하나에서 열까지 모두 미리 먹어 보는 경호실 직원이 따로 있어. 만에 하나라도 독이 들었거나 상한 음식이 있으면 안 되니까. 그렇게 검사를 한 뒤 이상이 없어야 대통령이 먹는 거야. 장서민 대통령은 면 종류를 좋아해서 매일 면을 먹었으면 좋겠는데 깐깐한 영양사는 면보다는 주로 한식을 선정하지.

점심을 먹고 나서 인도 수상과 무역 협상을 진행했어. 협상이 생각만큼 잘 진행되지는 않았지. 두 나라 정상 모두 자기 나라에 유리하도록 협상을 하고 싶어 하다 보니 쉽게 양보할 수가 없었던 거지. 간신히 서로 한 발씩 물러서서 협상을 마무리하고 조약을 맺었어. 대통령은 우리가 손해를 본 것이 아닐까 걱정을 했는데 인도 수상도 역시 자기 나라가 더 손해인 것 같다고 계속 걱정을 하지 뭐야.

아이들과 작별한 대통령은 부지런히 무역 센터로 가서 일을 보고, 저녁에는 농민 대표들을 만나러 급히 농민 회관으로 갔어. 농민들은 다른 나라에서 농산물을 대량으로 수입하는 바람에 우리 농산물 가격이 폭락해서 손해를 많이 봤기 때문에 화가 난 상태였지. 농민 대

표들은 지난 며칠 동안 광화문에서 시위를 하기도 했어. 농민 회관으로 가는 내내 대통령의 마음은 무척이나 무거웠어.

"자동차 산업이나 컴퓨터, 반도체, 이런 것만 중요합니까?"

"대통령님도 하루라도 음식을 먹지 않고는 못 사시지 않습니까? 농민들은 정말 중요한 일을 하는데 왜 번번이 우리만 희생합니까?"

농민 대표들은 대통령을 보자마자 불만을 털어놓았지. 대통령은 말없이 고개를 연신 끄덕였어.

"무슨 대책을 세워 주셔야 하지 않습니까? 고개만 끄덕이고 계시면 어떡합니까?"

"그러게 말입니다."

이번에도 대통령은 또 고개만 끄덕였어.

"허, 참!"

농민들은 어이가 없다는 듯 대통령을 바라보았지.

"다른 나라와 약속한 것은 다시 바꾸기가 쉽지 않습니다."

"그럼 우리 농민들만 희생하라는 겁니까?"

농민 대표가 분통을 터뜨렸어.

"아닙니다. 그렇다고 농민 여러분만 한없이 희생을 해서는 안 되지요. 음, 그래서 계속 관계자들과 대책을 마련하려고 고민했는데요, 공업 부분에서 얻는 이익의 일부를 농어촌 경제 살리기에 지원하도록 하는 것으로 원칙을 세웠습니다."

농민 대표들은 서로 얼굴을 바라보았어.

"그럼, 저희도 전국 농민들의 의견을 모아 입장을 정리하겠습니다. 정부에서도 구체적으로 어떻게 지원할지 계획을 세워 주십시오."

"네, 알겠습니다."

처음에 험악하던 분위기가 많이 누그러졌어.

서로 악수를 하고 헤어질 때 농민 대표 중 한 사람이 뭔가를 쓱 대통령에게 건넸어.

"이게 뭡니까?"

"저, 딸긴디요."

경호원이 농민 대표를 막아섰어.

"안 됩니다. 대통령님은 검사 없이 외부 음식을 드실 수 없습니다."

"농약 한 방울 안 친 유기농 딸기라니께요. 설마 대통령님께서 직접 나오실까 싶으면서도 혹시나 해서 최고 좋은 놈으로다가 조금 가져온 거예요."

대통령은 경호원을 말리고 딸기 바구니를 받아 들었어.

"잘 먹겠습니다. 저희 딸아이가 딸기를 엄청 좋아해요."

"가져오길 잘했네요. 가서 잡수세요. 딸기가 잘생겼지요? 지가 농사 하나는 끝내주게 짓는다니께요."

"아이코, 고맙습니다."

장서민 대통령은 언제나처럼 깊이 고개 숙여 인사를 했어.

해외 파병, 해야 할까 거부해야 할까?

유엔에서 동티모르에 평화 유지군을 파견하는데 우리나라 군인들도 참여해 달라고 요청해 왔어. 대통령은 국가 안전 보장 회의(NSC, National Security Council)를 소집했어. 이 회의는 국가 안보에 중요한 문제가 발생했을 때 대통령이 소집해. 대통령, 국무총리, 국가정보원장, 통일부 장관, 국방부 장관, 대통령 비서실장 등이 참석하지.

현재 동티모르 상황은 어떻습니까?

파병 문제를 해결한 뒤 대통령은 일선 군부대를 방문했어. 대통령은 군의 최고 책임자이기도 하거든.

장서민 대통령은 군인 한 사람 한 사람과 악수를 나누며 고맙고 자랑스럽다고 인사를 했어.

"충성!"

긴장을 했는지 얼굴이 살짝 붉어진 일등병이 거수경례를 했어.

"충성!"

대통령도 경례에 답하고서 웃으며 물었어.

"걸 그룹이 면회를 와야 좋은데 내가 와서 서운하지요?"

일등병은 더욱 얼굴이 붉어지며 차려 자세를 하고 딱딱하게 대답했지.

"아닙니다. 대통령님도 좋습니다."

대통령은 더 다가가 조용히 물어봤어.

"가장 좋아하는 가수는 누굽니까?"

"네?"

일등병은 어쩔 줄 몰라했지. 그러자 대통령은 일등병 얼굴에 귀를 바짝 갖다 댔어. 일등병은 잠시 머뭇거리더니 대통령의 귀에 대고 뭐라고 속삭였어.

"아! 나도 참 좋아하는 가수예요. 어떻게 그렇게 춤을 잘 추는지 모르겠어요, 하하하."

일등병도 슬쩍 웃음을 짓다 얼른 차려 자세로 돌아갔어. 대통령은 군인들이 생활하는 내무반과 훈련장, 식당, 컴퓨터실 등을 둘러보며 부대장의 보고를 받고는 군인들과 함께 식사를 했어. 옆에 앉은 군인한테도 이것저것 물어보았지.

"반찬은 잘 나옵니까?"

"네, 그렇습니다."

"선임들이 괴롭히지는 않습니까?"

"네, 잘해 줍니다."

대통령은 연대장에게 군대 내 문제 해결을 어떤 식으로 하는지 꼬치꼬치 물어봤어.

"여기 있는 군인들은 인생의 가장 중요한 시기에 2년 가까이 국가를 위해 청춘을 반납한 것 아니겠습니까? 소중하게 대해 주시고 절대로 괴롭힘이나 구타가 있어서는 안 됩니다."

"네, 잘 알고 있습니다."

대통령은 군부대 방문을 마치고 청와대로 돌아왔어.

대한민국의 영토를 지켜라

　장서민 대통령은 긴급히 국가 안전 보장 회의를 소집했어.

　평상시에는 국가 안전 보장 회의에서 위임한 사항을 처리하기 위하여 '상임 위원회'를 두고 있어. 상임 위원회 위원은 국가정보원장을 비롯해 외교통일위원회 위원들과 국방부 장관, 국가 안전 보장 회의 사무처장이야. 국무조정실장은 상임 위원회에 출석해 의견을 말할 수 있고, 필요하면 다른 부처 장관도 참석할 수 있지.

　상임 위원회는 일주일에 1회 이상 수시로 열려. 통일·외교·안보에 관한 정책이 조율·합의가 되면 바로 대통령에게 보고하고, 합의가 안 되거나 국가에 중대한 일이 벌어졌을 때는 안건을 국가 안전 보장 회의에 넘겨. 그러니까 국가 안전 보장 회의가 열렸다는 것은 그만큼 우리나라에 중대한 일이 발생했다는 뜻이겠지?

우리나라뿐만 아니라 타이완과 일본, 미국 등 다른 나라들도 중국의 조치를 일제히 비난했어. 또한 이 소식을 접한 우리나라 국민들도 화가 많이 났지.

 "우리나라도 이번 기회에 이어도를 포함한 한국 방공 식별 구역을 확대해 발표하자."

 "중국 정부의 사과를 받아 낼 때까지 중국 물건을 사지 말자."

 정부의 태도가 미적지근하다고 비판하는 사람들도 많았어. 더 강력하게 중국 정부에 항의해야 한다고 말이야.

 주변국의 반발이 심해지자 중국은 한발 물러섰는지 더 이상 방공 식별 구역에 대한 입장을 말하지 않았어.

 장서민 대통령은 중국 주석에게 연락을 했어.

"중국과 우리나라는 떼려야 뗄 수 없는 이웃 나라 아닙니까? 지금까지 사이가 좋을 때도 있었고 나쁠 때도 있었지만 앞으로 우리 아이들이 살아야 할 미래 사회에서는 아시아의 평화를 위해 두 나라가 힘을 합쳐 서로 돕는 이웃이 되어야 하지 않겠습니까?"
"뭐, 원론적으로야 그렇지요."
중국 주석도 마지못해 인정했지만 기분 좋은 목소리는 아니었어. 하지만 대통령은 중국과 우리가 다시는 전쟁을 해선 안 된다고 거듭 강조했지. 장서민 대통령의 머릿속은 동북아시아 지역 나라들이 모두 친구가 되는 그런 세상을 만들어야 한다는 생각으로 꽉 찼어.

영부인은 무슨 일을 할까?

영부인의 첫 번째 단독 해외 순방일이야. 대통령과 함께 퍼스트레이디의 역할로 가는 경우가 대부분이지만 영부인 혼자 해외 순방을 하는 경우도 있어. 예전에 우리나라 영부인들은 대통령 뒤를 그림자처럼 따라다니기만 하거나 청와대 안살림만 하는 경우가 많았는데 지금은 그렇지 않아. 대통령이 할 수 없는 부분들을 찾아 사회 각층의 문제를 해결하기도 하지. 이번 순방도 그런 차원에서 영부인 혼자 가게 되었어.

해외 순방일 전날도 영부인은 문화 예술계 인사들을 청와대로 초청해 식사를 대접했어. 나이 많은 시인이 이번에 노벨 문학상을 받게 되어서 이를 축하하고 다른 예술인들도 격려하기 위해서였지.

"우리나라에서 노벨 문학상을 받게 된 것은 처음이지요? 정말 국가적인 경사가 아닐 수 없습니다. 저도 고등학교 시절 문학소녀였답니다. 선생님 시도 즐겨 읊었어요."

"그러셨습니까? 영광입니다. 그리고 이렇게 축하해 주시니 뭐라 말할 수 없이 고맙습니다."

영부인은 예술인들이 우리나라에서 창작 활동을 하면서 겪는 어려움을 듣고 제도적으로 지원할 수 있는 방법을 문화관광부에 알아보라고 비서관에게 요청했지.

이번 해외 순방 지역은 동남아시아에 속하는 필리핀, 말레이시아, 인도네시아야. 그리고 오스트레일리아에도 들를 예정이지.

필리핀 공항에 도착하니 많은 교민들이 마중을 나와 있었어. 필리핀 대통령 부인과도 만나기로 했지만 그보다 먼저 영부인의 첫 번째 일정은 교민들과 식사를 하는 거야.

태극기를 흔들며 영부인을 맞이하는 교민들의 얼굴에는 반가움이 가득했어. 식사 자리에서 영부인은 먼 나라까지 와서 사는

교민들을 따뜻하게 위로했어. 지난여름 이곳에 태풍이 불어 수많은 사람들이 피해를 입기도 했거든. 우리 교민들도 꽤 많이 피해를 입었어. 정부와 민간단체, 종교 단체들이 아낌없이 지원을 했지.

"그때 뉴스를 보면서 얼마나 안타까웠는지 몰라요. 멀리 다른 나라에서 그런 재해를 당해서 얼마나 고통이 크셨습니까?"

영부인은 진심으로 위로했어. 그리고 우리나라 교민들이 사는 지역의 학교나 병원 가운데 태풍으로 피해를 본 곳에 복구 비용을 추가로 지원하는 방법을 고민하겠다고 약속했지.

"한국 소식 중에 궁금한 게 있으면 물어보세요. 아는 대로 얘기해 드리겠습니다."

인터넷이나 통신이 발달해서 외국에서도 한국 소식을 바로 알 수 있지만 그래도 영부인을 만나니 교민들은 궁금한 게 많은 모양이야. 질문이 끊이지 않았지. 영부인은 되도록 자세하고 꼼꼼하게 알려 주려 노력했어.

식사가 끝난 뒤 헤어질 때 영부인은 교민 한 사람 한 사람을 안아 주었어. 모두들 아쉬워하며 오랫동안 작별 인사를 했어.

영부인은 다음 날부터 3일간 말레이시아와 인도네시아를 돌아다니며 그 나라 영부인들과 만나기도 하고 자연공원을 방문하기도 했지. 특히 각 나라의 교육 시설을 꼼꼼히 돌아보고 우리나라 교육과 비교해 장점과 단점을 살폈어.

해외 순방을 마치고 돌아온 영부인은 쉴 틈이 없었어. 다음 날 바로 또 다른 일정이 기다리고 있었거든. 재래시장 축제에 가서 떡 만드는 행사에 참가하고, 오후에는 홀로 사는 농촌 노인들을 방문한 뒤 청소년 캠프에 가서 저녁 식사 준비 봉사 활동을 해야 했어.

청와대로 돌아오니 늦은 저녁이었지. 대통령이 가족들을 불러 모았어.

"자, 우리 가족 모두 모여 보세요. 이번 휴가를 어떻게 보내면 좋을까요?"

대통령은 몇 년 동안 휴가도 제대로 못 보냈어. 이번에는 무슨 일이 있어도 휴가를 가기로 했지. 아무리 일이 바쁘더라도 1년에 한 달 이상을 대통령 휴가로 정해 놓은 나라도 있대. 우리나라 대통령은 아직 그렇게 못 하고 있지만.

원래 대통령의 전용 별장이었던 청남대는 이제 국민들에게 반환되어 국민 누구나 갈 수 있는 곳이 되었어. 그 대신 대통령은 갈 곳이 없어진 거야. 경호상의 문제로 어디로 가는지도 외부에 알려지면 안 되거든. 사람들이 많은 곳도 곤란하고 말이야.

대통령은 영부인과 딸과 함께 휴가 계획을 세웠어.

"나는 바닷가로 가고 싶어요."

딸의 말에 대통령은 산으로 가고 싶다고 했어.

"보라야, 이번 기회에 지리산 등반을 해 보는 건 어떻겠니? 그동안 등산도 한번 못 했잖아."

"아빠, 너무 힘들 것 같은데요? 쉬는 게 아니라 몸살 나는 거 아니에요? 뭐, 난 산에 가는 거 좋아하지만요."

두 사람의 말을 듣고 있던 영부인이 말했어.

"아무래도 지리산은 힘들 것 같아요."

"왜요?"

"경호를 어떻게 하라고요. 그 넓은 산에서 곳곳을 모두 경호하기는 어려울 거예요."

"아, 맞다."

"그럼 우리 삼림욕을 할 수 있는 자연 휴양림 통나무집으로 가면 어떨까요? 가까이에 낚시터도 있다던데요."

"좋아요!"

"저도 좋습니다."

그날 밤 청와대 안 사저에서는 휴가 계획에 마음이 부푼 대통령 가족의 대화가 오랫동안 이어졌어.

화제가 되었던 영부인이 있었어!

에바 페론 1919년~1952년

- **아르헨티나 대통령 후안 페론(재임 1946년~1955년, 1973년~1974년)의 부인** 빈민층에서 태어나 온갖 역경을 딛고 퍼스트레이디가 되었어. 노동자와 서민들을 위해 파격적인 복지 정책을 내놓아 국민들에게 존경받기도 했지만 현실을 고려하지 않은 정책으로 나라 경제를 피폐하게 만들었다는 비난을 받기도 했어.

재클린 케네디 1929년~1994년

- **미국 대통령 존 F. 케네디(재임 1961년~1963년)의 부인** 세련된 패션 감각과 재치 있는 말로 미국 영부인 중 가장 인기가 많았어. 남편 케네디가 암살당한 뒤에는 물론이고, 그리스의 선박 재벌 오나시스와 재혼한 뒤에도 그 인기는 여전했지.

그레이스 켈리 1929년~1982년

- **모나코 공국 왕 레니에 3세(재임 1949년~2005년)의 부인** 할리우드 유명 여배우였는데 모나코의 왕과 결혼하면서 왕비가 되어 엄청난 화제에 올랐지. 그리고 갑작스런 교통사고로 사망해서 또 한 번 유명해졌어.

이멜다 마르코스 1929년~

- **필리핀 대통령 페르디난드 마르코스(재임 1965년~1986년)의 부인** 엄청난 사치를 누린 것으로 유명해. 필리핀에서 쫓겨날 때 궁전에는 신발 4400켤레, 온갖 모피와 보석이 쌓여 있었다고 해. 세상에서 가장 사치스러운 퍼스트레이디였어.

그라사 마셸 1945년~

● 모잠비크 대통령 사모라 마셸(재임 1975년~1986년)의 부인 남편과 함께 모잠비크의 독립 운동을 했고, 독립과 함께 남편 사모라가 모잠비크의 초대 대통령이 되면서 퍼스트레이디가 되었어. 비행기 사고로 남편이 죽은 뒤, 남아프리카 공화국의 대통령 넬슨 만델라와 결혼하여 두 명의 대통령과 결혼한 최초의 여성이 되었지.

힐러리 로댐 클린턴 1947년~

● 미국 대통령 빌 클린턴(재임 1993년~2001년)의 부인 클린턴 남편 빌 클린턴의 대통령 재직 중에 활발한 정치 활동을 하여 세계적으로 관심을 모았어. 제44대 대통령 선거에서 유력한 대통령 후보이기도 했지. 지금은 오바마 대통령 정부에서 일하고 있어.

크리스티나 페르난데스 1953년~

● 아르헨티나 대통령 네스토르 키르치네르(재임 2003년~2007년)의 부인 남편 네스토르 키르치네르에 이어 아르헨티나의 대통령이 되어 부부가 잇따라 대통령이 된 특별한 사례를 만들었어. 결혼 후에도 남편 성을 따르지 않고 결혼 전 성을 지키는 등 독립적인 여성의 이미지로 떠올라. 하지만 사치한 생활로 비난을 사고 있어.

크리스티나 다이애나 스펜서 1961년~1997년

● 영국 왕세자 찰스 윈저(재임 기간 없음)의 부인 영국의 찰스 왕세자와 결혼하여 왕세자빈이 되었어. 타고난 매력과 카리스마를 발산하고 자선 활동도 활발히 벌여서 엄청 인기가 많았어. 그런데 1996년 이혼한 뒤 자동차 사고로 사망해 비운의 왕세자빈으로 불려.

동북아 생명 평화 공동체 건설을 위하여

이럴 수가! 중국의 30퍼센트가 사막이라니! 우리나라 면적의 30배나 되잖아.

훈산다커 사막
쿠부치 사막
커얼친 사막
바단지린 사막
베이징
타클라마칸 사막
텅거리 사막
마오우쑤 사막
황토 고원

지구가 메마르고 있다

중국에서는 매년 우리나라 서울시 면적의 4배가 사막으로 변하고 있다. 몽골의 경우도 심각하며, 전 세계적인 현상이라 유엔에서는 사막화 방지 회의를 열고 있을 정도이다.

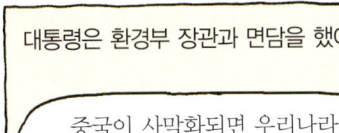

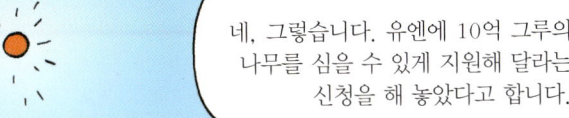

얼마 뒤, 일본 총리가 야스쿠니 신사를 참배하는 모습이 보도됐어. 야스쿠니 신사는 청일 전쟁, 러일 전쟁, 만주 사변, 제2차 세계 대전 등 일본이 벌인 전쟁에서 숨진 일본인 246만여 명을 안치하고 신격화해 제사를 지내는 곳이야.

1978년에 야스쿠니 신사에 도조 히데키 전 총리를 비롯한 'A급 전범', 그러니까 전쟁을 일으킨 범죄인 14명의 위패가 합쳐지는 일이 벌어지고, 이 사실이 알려지면서 일본 총리나 각료의 공식 참배는 국제적으로 비난을 받게 되었어. 그래서 대부분의 일본 총리들은 야스쿠니 신사를 공식적으로 참배해 전범 앞에 고개를 숙이는 일을 하지는 않았어.

그런데 이번 총리가 야스쿠니 신사를 참배하고 더구나 거기서 기자 회견까지 한 거야. 기자 회견의 내용은 무슨 일이 있어도 자신이 헌법을 고치겠다는 것이었어. 그중 가장 중요한 내용은 '일본 평화 헌법'을 바꿔 정상 국가, 즉 전쟁을 일으킬 수도 있는 국가로 만든다는 것이야.

일본은 제2차 세계 대전 당시 아시아 여러 나라를 침략하고 연합군에 맞서 전쟁을 벌였어. 결국 일본 땅에 원자 폭탄이 터지고 나서야 전쟁을 포기했지.

일본 헌법 제9조 1항에는 일본은 전쟁과 무력에 따른 위협 또는 무력 행사를 '영원히' 포기한다고 되어 있고, 2항에는 이러한 목적을 달

성하기 위해 '육해공군 기타 군사력'을 갖거나 유지하지 않는다고 선언하고 있어. 이 2개 항목이 이른바 '일본 평화 헌법'의 핵심이고, '평화 국가' 일본의 근간을 이루는 것이지.

그런데 그것을 고치겠다는 것은 다시 또 힘이 세지면 다른 나라를

침략할 수도 있다는 속내를 스스로 드러낸 것 아니겠어?

장서민 대통령은 즉각 반박 성명을 발표하라고 지시했어. 다른 때와는 달리 매우 강한 어조로 비판했지.

"앞날에 대한 꿈과 희망으로 부풀어 있던 수많은 아시아의 젊은이들이 일본의 야만적인 전쟁으로 죽어 나가야 했던 그때를 잊었단 말입니까? 일본은 원자 폭탄이 터지는 최악의 사건까지 겪었습니다. 다시는 전쟁을 일으키지 않고 아시아, 나아가서는 세계의 평화와 민주주의에 기여하는 것이 제2차 세계 대전을 일으켜 씻을 수 없는 죄를 저지른 일본이 진정으로 피해자들에게 사죄하는 길임을 모른단 말입니까? 이번 일본 총리의 야스쿠니 신사 참배는 이웃 나라에 대한 도발이며 평화를 포기하는 행위로 분노를 금할 수 없습니다."

동북아 생명 평화 공동체 건설을 제안해 왔던 장서민 대통령은 맥이 쭉 빠졌어.

"대통령님, 오늘 성명은 어조가 좀 강한 것 같습니다."

"네, 생명 평화와 반대되는 방향으로 가려는 사람들이나 국가들을 보면 너무나 안타깝습니다. 그렇게 파괴하고 불태우고 남의 목숨까지 빼앗고서 자기들은 잘 살 수 있을 거라 생각한답니까? 동북아 생명 평화 공동체 건설은커녕 냉전 시대로 되돌아가는 것은 아닌지 모르겠습니다."

"대통령님, 동북아 생명 평화 공동체 건설이 어디 쉬운 일이겠습니까? 원칙적으로야 옳은 말이지만 각 나라의 이해관계가 얽히고설켜 있다 보니 쉽지 않을 것입니다."

"그러게 말입니다. 그래도 노력해 봐야지요. 언젠가는 우리의 신념대로 옳은 방향으로 연대하게 되겠지요."

"그렇겠죠? 꾸준히 노력하다 보면 언젠가 결실을 맺을 때가 올 것입니다."

"네, 더 힘을 내어 더 노력해 나갈 겁니다!"

일본 총리의 야스쿠니 신사 기자 회견에 대해 장서민 대통령만 강한 어조로 비판한 게 아니야. 중국, 타이완, 북한, 필리핀, 인도네시아 등 아시아 국가는 물론 미국, 독일, 영국 등도 일제히 비판하는 성명을 발표했지.

그런데 가장 거센 비판은 일본 내부에서 나왔어. 일본 국민들은 자신들이 다시는 전쟁을 일으키는 나라의 국민이 되어서는 안 되며 자신의 아이들이 아시아의 다른 아이들과 함께 행복하게 사는 미래를 꿈꾼다고 했어. 그것을 가로막는 어떤 세력도 용납하지 않겠다고 말이야.

일본의 각종 여론 조사에서도 '일본 평화 헌법' 유지를 80퍼센트 이상의 국민이 지지한다는 결과가 나왔지. 게다가 전쟁을 일으켰던 일본 천왕조차도 '일본 평화 헌법'을 바꾸려 해서는 안 된다는 성명을 발표했어.

결국 안팎으로 거센 항의에 부딪힌 일본 총리는 사과 성명을 발표할 수밖에 없었어. 하지만 언제 또다시 '일본 평화 헌법'을 뜯어고치려는 세력이 나타날지 몰라.

장서민 대통령은 동북아 생명 평화 공동체의 건설이 절실히 필요하다는 것을 다시 한 번 느끼며 아시아 각국 정상 회담을 제안했어. 지금 당장 이루어지기는 힘들겠지만 최대한 노력해 보기로 한 거야. 하다가 못 한 것은 다음 대통령이 이어서 해 나갈 거라고 생각하니 마음이 조금은 놓였어.

유엔 기후 변화 협약,
선택 아닌 필수

 장서민 대통령은 제주도로 가기 위해 공항으로 향했어. 오늘은 제주도에서 열리는 종교인 한마음 캠프에 참석하고, 다음 날 지구 기후 변화에 대처하기 위한 유엔 총회에도 참석하는 일정이지.
 공항으로 가는 길, 아직 날이 환한데도 하늘이 온통 뿌옇게 흐려 있었어. 겨울이 되면서 중국 대륙이 화석 연료로 난방을 하니까 거기서

나온 가스가 바람을 타고 우리나라까지 날아온 거야. 이 미세 먼지 때문에 사람들은 호흡기는 물론이고 눈, 코, 입 모두 몸살을 앓고 있어.

　장서민 대통령은 제주도에 도착해서 먼저 종교인 한마음 캠프가 열리는 곳으로 갔어. 마침 참가자들이 저녁 식사를 하고 있었지. 종교인 한마음 캠프는 불교, 가톨릭교, 원불교, 기독교, 이슬람교, 힌두교 등 다양한 종교 신자들이 종교와 상관없이 일주일 동안 함께 생활하며 서로의 종교를 알아 가는 캠프야. 대통령은 종교인들과 식사를 하면서 서로 종교는 다르지만 그 본질은 같을 것이며 이렇게 종교끼리 소통하기 위해 캠프를 연다는 것이 무척 훌륭한 일이라고 격려했어. 이것이 참종교인의 모습 아니겠냐고 말이야.

　다음 날, 제주도에서 2주 동안 열리는 지구 기후 변화에 대처하기 위한 유엔 총회에 대한민국 대표로 장서민 대통령이 참석했어. 이 총회는 지구 온난화를 막기 위해 각 나라가 협력하려고 모인 거야. 지구 온난화란 쉽게 말해서 지구 표면의 평균 기온이 올라가는 현상을

말해. 지구 온난화의 원인은 아직까지 정확하게 밝혀지지 않았지만 온실 효과를 일으키는 기체를 중요한 원인으로 꼽고 있어. 온실 기체로는 이산화 탄소가 가장 대표적인데 이것이 산업화와 함께 계속 증가하고 있다는 게 문제지. 지구의 기온이 올라가면서 생태계가 변화하거나 해수면이 올라가서 해안선이 달라지는 등 갖가지 문제가 발생하고 있어. 평균 강수량이 늘어나고 결과적으로 홍수나 가뭄 피해가 잦아지고 있지. 대형 지진해일이나 태풍이 많이 발생하는 것도 지구 온난화의 영향일 것으로 분석하고 있어.

그동안 이 문제의 심각성을 깨닫고 여러 차례 국제회의를 했지만 이번처럼 각국 정상들이 참석하는 것은 처음이야. 그만큼 지구의 환경 문제가 심각해졌다는 것이기도 하고 또 하나, 장서민 대통령과 우리나라 정부, 그리고 각 나라의 환경 단체와 초록당 등의 피나는 활동의 성과이기도 해. 이제 서로 자기 나라의 이익만을 위해 뒷전으로 물러나 있을 수 없을 만큼 절박한 상황이 된 거지. 지구 온난화 문제를 해결하는 것은 이제 선택이 아니라 필수가 된 거야.

총회 장소인 제주 국제 평화 센터에 각국 정상들이 속속 모여들었어. 먼저 독일 총리와 일본 수상이 들어왔고, 그 뒤로 영국 총리와 사우디아라비아 국왕, 미국 대통령이 들어왔지. 모든 나라에 대통령이 있는 것은 아니야. 각 나라의 정치 제도에 따라 대통령이 있을 수도 있고 수상이 있을 수도 있고 또는 왕이 있을 수도 있어.

사실 먼저 산업화를 이루어서 산업이 발달한 강대국들이야말로 지구 온난화의 주범이야. 이제 2주 동안 회의를 하면서 지금까지의 그 어떤 협약보다 더욱 강제력 있는 협약을 만들어 내야 해. 더 이상 지구가 뜨거워지지 않도록.

각국 정상들이 2주 내내 함께할 수는 없었어. 이 총회가 얼마나 중요한 회의인지를 확인하기 위해 모두 참석한 것이지, 실질적인 결론은 전문가들이 토론해서 결정해야 해.

"이렇게 대한민국 제주도까지 오셨는데 제주 바다를 보지 않고 가실 순 없지요."

대통령은 각국 정상들과 함께 제주 강정마을로 갔어. 원래 강정마을 해안가에는 구럼비 바위라고, 1.2킬로미터 크기의 거대한 바위가 있었어. 바다 밑에서 솟아난 바위와 바다로 흘러간 용암이 합쳐져서 생겨났는데, 이 같은 생성 과정을 거친 이 정도 규모의 용암 바위는 전 세계적으로 희귀하대. 용천수가 솟아나 국내 유일의 바위 습지 지형을 형성하고 멸종 위기 종인 붉은발말똥게, 맹꽁이, 제주새뱅이 등이 살고 있었어.

그런데 해군 기지를 건설하느라 폭파해 버린 거야. 그 당시에도 구럼비 바위를 보존해야 한다는 사람들과 국가 안보를 위해 해군 기지를 건설해야 하고 그러자면 구럼비 바위를 어쩔 수 없이 폭파해야 한다는 측이 팽팽히 맞서면서 갈등이 무척 심했어. 결국 구럼비 바위는 산산조각 나고 말았지.

하지만 그 뒤 강정마을에는 구럼비 바위를 기리는 평화 공원이 만들어졌어. 평화 공원 한쪽에 있는 전시실에는 구럼비 바위 사진과 그림들, 그리고 구럼비 바위를 폭파해 해군 기지를 건설하는 과정까지 모든 기록이 보관되어 있지.

각국 정상들은 구럼비 바위 사진을 보며 감탄했어.

"뷰티풀!"

"오, 원더풀!"

그리고 구럼비 바위가 사라지는 사진에서는 안타까움이 담긴 탄성을 질렀어.

"우리는 살아가는 동안 끊임없이 선택을 해야 합니다. 그 순간 더 중요하다고 생각하는 것을 선택하겠지요. 그 선택이 항상 옳다면 좋

겠지만 그렇지 못한 경우가 더 많은 것 같습니다. 지나고 나서야 우리가 정말로 그 무엇으로도 바꿀 수 없는 소중한 것을 버렸다는 사실을 깨닫게 되지요. 후회해 봐야 이미 사라진 것이 다시 돌아오는 것은 아닙니다. 하지만 그보다 더 어리석은 것은 정말로 소중한 것을 잃어버렸다는 사실조차 모르는 것 아닐까요? 잘못을 잊지 않는 것, 그것이 또 다른 잘못을 저지르지 않기 위한 해결책입니다. 그래서 우리는 아픈 이 기억을 세세한 것까지 모두 기록해 놓고 있습니다."

다른 나라 대통령들도 모두 고개를 끄덕였어. 우리나라에서만 일어나는 문제는 아니니까.

각국 정상들은 식사를 하고 함께 기념 촬영을 한 뒤 제주 바다를 한 번 더 구경하고 각자의 일정에 맞춰 헤어졌어.

2주 뒤 지구 온난화 방지를 위한 탄소 배출량 감축에 전 세계 모든 국가가 협력한다는 협약이 발표되었어. '교토 의정서'보다 훨씬 발전한 내용이었는데, 이를 '제주 의정서'라고 부르기로 했지.

다른 이의 고통을 외면하는 사회는 불행하다

대통령이 국회에서 시정 연설을 하게 되었어. 시정 연설이란 대통령이 나라 정치에 대한, 또는 특정 정책에 대한 입장을 밝히는 연설이야. 이번이 아마 장서민 대통령의 마지막 시정 연설이 될 것 같아. 대통령 임기가 끝나 가거든. 대통령은 재임 기간에 대한 자체 평가를 쓰고, 청와대 홍보 담당 비서관과 함께 연설문을 꼼꼼히 점검했어.

"대통령님, 이 표현은 앞에서도 썼으니 뒷부분에서는 빼는 것이 어떨까요?"

"아, 앞에도 나왔나요? 중요하다고 생각하다 보니 반복했군요."

"대신 이 부분을 조금 더 강조하는 것이 좋을 것 같습니다."

"네, 그게 좋겠군요."

시정 연설을 무사히 마치고 난 뒤 대통령은 청와대로 돌아와 새해 선물 준비로 분주했어. 대통령으로서 마지막으로 준비하는 새해 선물이라 더욱 신경을 썼지.

"선물 드릴 분들은 모두 정했나요?"

"네, 시민 단체, 문화계 인사들을 비롯해 농어촌의 여러 활동가들을 선정했습니다. 그 밖에 홀로 사는 노인과 소년 소녀 가장, 그리고 장애를 가진 사람들 중에서 선정했습니다."

"선물은 무엇으로 하나요?"

"시계와 생활필수품, 다이어리, 그리고 생활이 어려운 소외층 사람들에게는 쌀과 한우를 전달하기로 했습니다."

"그래요. 수고하셨습니다."

청와대에서는 선물을 미리 준비해 두었다가 12월 말에 해당하는 사람들에게 보내.

대통령과 영부인은 고아원과 양로원에 보낼 김장을 하는 여성 단체를 방문했어. 여성 단체 강당에는 절인 배추 수천 포기가 쌓여 있었지. 어마어마한 양이었어. 대통령은 얼른 앞치마를 두르고 고무장갑을 낀 뒤 김칫소를 넣기 시작했어.

"어머, 많이 해 보신 솜씨인걸요. 워낙 집안일을 잘 거들어 주시나 봐요."

"제가 여자 형제가 없거든요. 남자 형제들뿐이라 어려서부터 어머니를 도와 무도 채 치고 김칫소도 버무려 넣고 했지요. 그러면서 어머니 고생하신 이야기도 듣고요. 김칫소 넣으면서 한 입 두 입 먹다가 나중에 매운 김치 때문에 배가 아파 고생한 기억도 납니다."

"결혼하셔서는요?"

"제가 초록당에서 활동하는 동안 아내가 직장에 다녔기 때문에 집안일을 나름 많이 거들긴 했는데 주부들이 하는 것에 비하면 아주 조금이겠죠."

옆에서 김장을 하던 한 아주머니가 김칫소를 배추 속대에 말아 대통령에게 쓱 내밀었어.

"아이고, 고맙습니다."

대통령이 입을 크게 벌려 김치를 받아먹자 주변 사람들 모두 웃었어. 많은 사람들이 한꺼번에 달려들어 부지런히 하다 보니 산더미처

럼 쌓여 있던 배추도 쑥쑥 줄어들었지. 대통령과 영부인은 김장을 다 끝낼 때까지 함께할 수는 없었어. 사람들의 배웅을 받으며 다음 일정을 위해 자리를 떠났지.

그곳은 바로 서울 외곽에 있는 성당이었어. 해외 이주 노동자 수십 명이 불법 체류 단속을 피해 숨어 있다는 보고를 받은 대통령은 그들을 만나 봐야겠다고 마음먹었지.

다른 나라에서 우리나라에 돈을 벌러 온 이주 노동자들은 우리나라 사람들이 꺼리는 험한 일을 도맡아 하면서도 돈은 조금밖에 못 받고 언제 강제로 자기 나라로 돌려보내질지 몰라 항상 불안에 떨어야 했어. 대통령은 미리 성당 신부님을 통해 연락을 했어. 불법 체류자 처지에 놓인 상황이지만 만나 보겠다고.

베트남, 네팔, 필리핀 등지에서 온 이주 노동자들이 지친 표정으로 성당 안에 앉아 있다가 대통령과 영부인을 보고는 반가워하며 일어났어.

"날씨도 추운데 고생들이 많으십니다. 이렇게 성당에서 숨어 지낸 지 한 달이 넘었다고 들었습니다. 건강에 이상이 있는 분은 혹시 없으신가요?"

"괜찮습니다. 신부님들, 수녀님들께서 잘해 주십니다. 대통령님, 이렇게 방문해 주셔서 우리에게 희망이 보입니다."

"우리나라도 이제 이주 노동자들과 함께 가는 사회가 되어야 한다고 생각합니다. 우리도 독일로 사우디아라비아로 돈을 벌러 갔던 시절이 있었습니다. 제가 힘닿는 데까지 노력하겠지만 지금으로서는 뾰족하게 이렇다 할 확답을 드릴 수가 없네요. 미안합니다."

이주 노동자들은 애처롭게 대통령을 바라보았어.

"그래도 안 와 볼 수가 없었습니다. 그래서 이렇게 왔습니다."

"그래도, 그래도, 고맙습니다."

이주 노동자들은 대통령 부부가 찾아왔다는 것만으로도 사회적 관심을 받게 되었다며 눈물을 흘렸어. 자신들이 바라는 점에 대해 방송에서도 관심을 가져 주었으면 좋겠다고 호소하기도 했지. 대통령과 영부인은 몇 번이나 돌아보면서 그 사람들 곁을 떠났어.

열차 타고
고향으로

　우리나라는 대통령을 한 번만 할 수 있어. 어떤 나라는 선거를 통해 두 번 할 수 있는 중임제를 채택하기도 하지.

　장서민 대통령의 임기가 끝나 갈 즈음 국민들의 지지도가 지금까지의 기록 중 최고에 달했어. 그러자 대통령 중임제로 법을 바꿔 장서민 대통령이 또 한 번 대통령을 하는 것이 우리나라를 위해 좋을 것이라는 의견을 가진 국민들이 많아졌어.

　하지만 장서민 대통령은 단호하게 반대했어.

　"단임제도 중임제도 각각 장점과 단점이 있지요. 하지만 헌법을 바꾸면서까지 제가 다시 한 번 대통령을 하는 것은 반대합니다. 우리나라 국민들은 짧은 대통령제 역사 속에서 누구보다 지독한 독재 정권에 시달렸어요. 국민들 모두 독재라면 지긋지긋할 겁니다. 저도 마찬가지고요. 저 말고 저보다 더 대통령직을 잘 수행할 분을 뽑아야지요. 그분이 우리가 하려고 했던 좋은 정책들을 이어 나갈 겁니다. 반드시 그렇게 될 겁니다."

우리나라에는 이전에 법을 바꿔서라도 계속 대통령을 하려고 했던 사람들이 있었어. 본인은 물론이고 국민 모두 불행한 시절이었지.

끊임없이 독재에 저항했던 많은 국민들의 노력과 희생으로 우리나라는 민주화를 이룰 수 있었어. 그리고 이제 보다 올바른 방향으로 민주주의가 정착되어 가고 있는 중이야.

장서민 대통령을 믿고 따르던 국민들은 아쉬웠지만 대통령의 생각을 존중하기로 했어.

다음 대통령 선거에 나선 후보자들의 선거 운동이 활발하게 펼쳐지고 있는 동안 장서민 대통령은 청와대 생활을 정리하느라 한창 바빴어.

대통령 선거가 끝나고, 새로 당선된 대통령은 통일당 최한결이라는 사람이야. 그동안 남북한 평화 통일을 위해 온몸을 바쳐 일해 온 사람이지.

최한결 대통령 취임식 전에 장서민 대통령은 청와대 생활을 모두 정리했어. 취임식에 참석했다가 곧바로 고향으로 내려가기로 결심했거든.

장서민 대통령의 고향은 한반도 남쪽 항구 도시로 해산물과 농산물이 풍부하게 나는 곳이야. 장서민 대통령은 평생을 환경 운동에 몸 바쳤던 만큼 퇴임 뒤에는 고향에서 바다가 오염되지 않게 지켜 내는 일과 유기 농법을 정착시키는 일을 하려고 예전부터 계획하고 있었지. 고향에 있는 친척들과 친구들, 주민들도 대통령이 내려올 날을 손꼽아 기다리고 있었어.

최한결 대통령의 취임식이 시작됐어.

군악대의 행진과 축포 발사가 끝나고 새로운 대통령이 단상에 올랐어. 멀리에서도 보이도록 설치해 놓은 대형 화면에 사람들의 시선이 고정되어 있었지.

그때 선서를 하는 새 대통령의 얼굴이 화면 가득 확대됐어. 조금 긴장한 듯한 대통령의 얼굴에 앞으로 정치를 잘 해나가겠다는 각오가 가득했어.

"와!"

국회의사당 앞에 모인 사람들이 함성을 질렀어.

"저의 당선은 최한결 개인의 영광이 아닙니다. 이는 곧 우리 민족의 평화 통일을 간절히 바라는 수많은 국민들의 승리입니다. 대결과 전쟁이 아닌 평화와 통일이 필요한 때입니다."

"짝짝짝!"

"또 앞으로 우리 아이들이 한층 더 평등한 세상에서 살아가야한다는 국민 여러분의 믿음을 다시 한 번 확인한 일이기도 합니다. 사랑

하는 국민 여러분, 정정당당하게 노력하는 사람이 성공하는 사회로 더욱더 나아갑시다. 정직하고 성실한 대다수 국민이 보람을 느낄 수 있는 사회를 만듭시다. 고맙습니다."

새로운 대통령이 고개를 숙여 인사를 하자 모든 사람들이 힘차게 박수를 쳤어.

"저는 장서민 대통령의 정신을 이어받아 못다 한 정책을 이어 가겠습니다. 정의로운 세상을 이루려 노력하신 장서민 대통령의 뜻을 한시도 잊지 않겠습니다."

우렁찬 박수와 함성이 이어졌어. 장서민 전 대통령도 힘차게 박수를 쳤지. 최한결 대통령의 연설이 끝나자 축포가 발사되고 준비했던 하얀 비둘기가 하늘 높이 날았어. 비둘기들은 파란 하늘을 자유롭게 날아갔어. 아마 새들은 휴전선을 넘어 북한까지 날아갈 수 있겠지. 멀리 멀리 날아가는 비둘기들을 바라보며 사람들은 우리나라가 더욱 더 평화로운 나라가 되기를 마음 속으로 빌었지. 어서 빨리 통일이 되어 남북한이 함께 살아갈 날을 꿈꾸기도 했어. 장서민 전 대통령도 하늘을 바라보며 간절히 빌었어. 안전하고, 정의롭고, 평화롭고, 행복한 통일 세상이 어서 빨리 오기를.

새 대통령의 취임식이 끝난 뒤 장서민 전 대통령은 아내와 딸과 함께 고향으로 가는 열차를 타러 갔어. 그런데 기차역 광장에 대통령을 배웅하러 수많은 국민들이 나와 있었어.

인사를 마친 대통령은 전용 칸에 앉아 눈을 감고 지나간 5년을 돌아봤어.

꿈결처럼 아득한 5년. 잘 처리된 일들도 있었지만 꼭 하려고 했던 일 중에 못 한 일은 참 아쉬웠어. 다음 대통령이 잘해 줄 것이라고 믿기로 했지. 한꺼번에 완성되는 것은 아무것도 없으니까.

효자동 파란 집 장서민 대통령

2014년 7월 5일 1판 1쇄
2021년 6월 11일 1판 4쇄

글쓴이: 이창숙 | 그린이: 이기량

편집: 최일주, 이혜정 | 디자인: 김지선 | 교정: 한지연
제작: 박흥기 | 마케팅: 이병규, 이민정, 최다은 | 홍보: 조민희, 강효원

출력: 한국커뮤니케이션 | 인쇄: 코리아피앤피 | 제책: 경원문화사

펴낸이: 강맑실 | 펴낸곳: (주)사계절출판사 | 등록: 제406-2003-034호 | 주소: (우)10881 경기도 파주시 회동길 252 | 전화: 031) 955-8588, 8558 | 전송: 마케팅부 031) 955-8595 편집부 031) 955-8596 | 홈페이지: www.sakyejul.net | 전자우편: skj@sakyejul.com | 블로그: skjmail.blog.me | 페이스북: facebook.com/sakyejulkid | 인스타그램: instagram.com/sakyejulkid

ⓒ 이창숙, 이기량 2014

값은 뒤표지에 적혀 있습니다. 잘못 만든 책은 구입하신 서점에서 바꾸어 드립니다.
사계절출판사는 성장의 의미를 생각합니다. 사계절출판사는 독자 여러분의 의견에 늘 귀 기울이고 있습니다.
이 책은 저작권법에 따라 보호받는 저작물이므로 무단전재와 무단복제를 금합니다.

ISBN 978-89-5828-749-0 73340
ISBN 978-89-5828-770-4 (세트)